Lieber eine volle irdene Schüssel,
als eine leere silberne
mit goldenem Löffel.

KOCHBÜCHLEIN

Lausitz

Kulinarisches
von Lübbenau bis Zittau

von
Klaus-Jürgen Boldt

Verlag für die Frau
Leipzig

Sprüche und Verse aus:
»Sorbisches Haus – gastlicher Tisch«,
Domowina-Verlag, Bautzen 1985

ISBN 3-7304-0379-6

2. Auflage 1995

Arrangement und Fotos: Grit Hentschel,
Harald Lange (S. 2, 8, 12, 118),
Brigitte Weibrecht (S. 106)
Typografie und Einband: Lore Jacobi
Textbearbeitung: Ingrid Bednarsky
Lektorat: Christa Winkelmann
Satz: TypoLiner GmbH Leipzig
Gesamtherstellung:
Offizin Andersen Nexö Leipzig GmbH,
Graphischer Großbetrieb
Printed in Germany

Inhalt

Volkstümliche Speisen mit Tradition

Was macht den Spreewälder stark?
Pellkartoffeln, Leinöl und Quark.

Was schmeckt ihm zur Sonntagsruh?
Kaffee und Plinse dazu.

Was wird er immer lieben?
Grützwurst und große Grieben.

Was gibt ihm Mut im Zorn?
Alter Cottbuser Korn.

Was klärt den Kopf bei Mann und Frau?
Saure Gurken aus Lübbenau.

Was bringt die Lausitz uns noch auf den Tisch?
Zwiebeln, Spargel, Meerrettich und Fisch.

*

Dieses kleine Gedicht aus dem Spreewald spricht Bände. In wenigen Zeilen ist (fast) alles gesagt über die Küche jener romantisch-rauhen, landschaftlich so überaus vielgestaltigen Gegend im Südosten der neuen Bundesländer – der Lausitz. Ein Landstrich, der sich von den Bergen des Zittauer Gebirges über die Tagebaue und Kraftwerke im Senftenberger und Cottbuser Raum bis zu den einzigartigen Flußläufen im Spreewald erstreckt.

Es sind nicht nur die Worte dieses kleinen Gedichtes, die das Typische der Lausitzer Küche widerspiegeln. Es ist ebenso die Aura, die diese Zeilen umgibt. Volkstümlich, naturnah, deftig, auch ein wenig rauh und spröde – das kennzeichnet die traditionelle Küche der sächsischen Ober- und der brandenburgischen Niederlausitz.

Sorben bzw. Wenden waren die ersten,

die sich im 7./8. Jahrhundert u. Z. in diesem Gebiet niederließen. Neben dem Burgwall in Lübben oder dem Schloßberg in Burg, neben Sitten, Trachten und auch Sprachen zeugt noch heute so manche Gewohnheit in Haushalt und Küche von der Lebensart der slawischen Vorfahren. So werden Gerichte meist aus einfachen, heimischen Zutaten bereitet. Was immer die Natur zu bieten hat, wird in den Speiseplan eingearbeitet. Gemüse – Zwiebeln, Kürbis, Spargel und natürlich die berühmten Spreewälder Gurken –, Gewürze (nichts geht ohne Meerrettich!), Wild und Geflügel …

In der Niederlausitz sorgte der Wasserreichtum schon in alten Zeiten für vielfältige Fischgerichte. Mittags lösten Pellkartoffeln mit »Stippe« – Leinöl, Quark, saurer Hering, saure Milch – und einfache Eintopfgerichte einander ab. Hausgeschlachtenes und Fleisch aus dem Pökeltopf bereicherten vor allem an Sonn- und Feiertagen das oft bescheidene Mahl. Kartoffel- und Hefeplinsen, Griebenschmalz, eingeweckte Leber- und Blutwurst waren typische Spezialitäten – und sind es bis heute.

Die Rezepte in diesem Büchlein basieren auf Überlieferungen der ländlichen Küche. Hier kochte man nicht nach strengen Vorschriften und verzichtete bei den Zutaten oft auf genaue Maß- und Mengenangaben, so daß man viele individuelle Varianten trifft und auch der eigenen Phantasie genügend Raum bleibt. So soll dieses Büchlein in erster Linie anregen, die Lausitzer »Originale« – wobei unser Schwerpunkt der Spreewald war – kennenzulernen und sich von ihnen in der eigenen Küche inspirieren zu lassen. Wo es notwendig erschien, wurden die altbewährten Rezepte nach heutigen Erkenntnissen vorsichtig überarbeitet.

Vielleicht sind es gerade die Gegensätze, die den Reiz der Lausitzer Lebensart ausmachen. Da sind die bezaubernden Dörfer der Oberlausitz mit ihren anheimelnden Umgebindehäusern. Da ist die idyllische Landschaft des Spreewaldes, die die Touristen in Scharen anlockt – doch hat die vom Wasser beherrschte Natur den Bewohnern nicht immer nur Freude gebracht. Da sind die Volksbräuche, die prächtigen Trachten, die kunstvoll bemalten Ostereier – aber auch der nicht eben zartfühlende Brauch des Hahnrupfens. Da sind die deftigen Speisen mit Knoblauch, Meerrettich, Zwiebel und Speck – und danach serviert man solch süße Genüsse wie Baumkuchen, Birnendessert und gefüllte Äpfel.

Wir können Ihnen nur empfehlen: Probieren Sie es einfach aus! Schreiben Sie mal eine Woche lang Lausitzer Spezialitäten auf den Speiseplan:

Am Montag gibt es eine Suppe,
am Dienstag steife Heidegrütze.
Am Mittwoch ißt man Sauerkohl,
den gab Gott den Bauern wohl.
Am Donnerstag ein Hochgenuß,
Töpfe voller Erbsenmus.
Am Freitag kocht uns Mutter
Milchhirse mit brauner Butter.
Am Sonnabend hast du große Not
mit dem lieben Mittagsbrot.
Der Sonntag der beschert uns dann
eine Wurst für Jedermann.

Wir wünschen Ihnen »Dajce sej slodzech!« – was, vom Obersorbischen ins Deutsche übertragen, nichts anderes heißt als: Guten Appetit!

Buttermilchsuppe

1 l Buttermilch,
50 g Butter, 30 g Zucker,
1 Messerspitze Zimt (gemahlen),
30 g Mehl, Salz.

Buttermilch mit 200 ml Wasser, Butter, Zucker und Zimt vorsichtig zum Kochen bringen. Unter ständigem Rühren das Mehl einquirlen und bei geringer Hitze weiterkochen lassen. Mit Salz abschmecken. Die Suppe mit je einer Scheibe abgeschälter Zitrone, Minze, Melisse oder Waldmeister garnieren.

Peitzer Zwiebelsuppe

4 mittelgroße Zwiebeln,
40 g Butterschmalz, 1½ l Brühe,
½ Tasse Buttermilch, 1 Eßl. Mehl,
3 Eigelb, 4 Karpfenfilets à 60 g,
50 g Sahnemeerrettich,
1 Eßl. Schnittlauchröllchen.

Zwiebelscheiben im Schmalz glasig schwitzen, mit Brühe auffüllen und kurz durchkochen. Buttermilch, Mehl und Eigelb gut vermischen und in die heiße Suppe einrühren; nicht mehr kochen! Karpfen in kochendem Wasser garziehen lassen. Auf warme Teller legen, Suppe aufgießen und den Meerrettich auf den Karpfen geben. Mit Schnittlauch garnieren.

Kürbisschaumsüppchen

750 g Kürbis, 60 g Butter,
$1\frac{1}{2}$ l Hühnerbrühe, 20 g Mehl,
Salz, Muskat,
weißer Pfeffer aus der Mühle,
100 ml Schlagsahne,
60 g geröstete Kürbiskerne.

Kürbis schälen, Kerne entfernen. Das Fruchtfleisch kleinwürflig schneiden und $\frac{2}{3}$ davon in der Butter anschwitzen. Mit Hühnerbrühe auffüllen. 15 Minuten kochen lassen, mit dem Mixstab pürieren. Mehl einstreuen und unterrühren. Kurz durchkochen. Die Suppe durch ein Sieb rühren, würzen und nochmals kurz aufkochen. Sahne zugeben und mit dem Mixstab aufschäumen. Die gerösteten Kürbiskerne überstreuen. Als Suppeneinlage eignet sich Hühnerfleisch.

Sorbische Hochzeitssuppe

150 g Rindfleisch, 1/2 Zwiebel,
2 Möhren, 2 Scheiben Sellerie,
2 Eiklar, 1 1/2 l Rinderkraftbrühe,
Salz, Muskat,
einige Blumenkohlröschen,
1/2 Tasse Eierstich,
100 g Leberklößchen
(Rezept siehe S. 113)
1 Eßl. gehackte Blattpetersilie.

Das feinwürflig geschnittene Rindfleisch mit Zwiebel, 1 Möhre, 1 Selleriescheibe und Eiklar in einen Topf geben. Rinderbrühe aufgießen und zum Kochen bringen. Würzen und passieren. Restliche Möhre und Sellerie würfeln, mit dem Blumenkohl in die Suppe geben und darin garziehen lassen. Zum Anrichten Eierstich, Leberklößchen und Petersilie in die Teller geben.

Oberlausitzer Kartoffelsuppe mit Pfifferlingen

1 kg Kartoffeln, 1 l Rinderbrühe, je 50 g Möhren-, Sellerie- und Zwiebelwürfel, 1 Eßl. Schmalz, 1/2 Knoblauchzehe, Salz, frischer Majoran, Pfeffer, 250 ml Schlagsahne, 100 g frische Pfifferlinge (oder 60 g aus der Dose), 1 Eßl. Zwiebellauch-Ringe, 20 g Butter, 1 Eßl. gehackte Petersilie.

Kartoffeln schälen, würfeln und in Wasser blanchieren. Abgießen und in die Brühe geben. Gemüse, Schmalz, Knoblauch und Gewürze ebenfalls zugeben, gut durchkochen. Wenn alles gar ist, Suppe durch ein Sieb streichen. Abschmecken und mit Sahne aufschäumen. Pfifferlinge mit Zwiebellauch in Butter anrösten und in die Teller geben. Mit Petersilie garnieren.

Spreewälder Fischsuppe

(6–8 Portionen)

1 kg Fischabgänge
(Gräten, Kopf, Schwanzenden),
50 g Margarine,
250 ml trockener Weißwein, Salz,
10 Pfefferkörner, 10 Pimentkörner,
1 Lorbeerblatt, je 1 kleines Bund Dill,
Petersilie und Kerbel,
1 Zitrone (unbehandelt),
1 kleine Stange Meerrettich,
3 kleine Möhren,
1/4 Sellerieknolle, 1/2 Lauchstange,
3 Zwiebeln, 1/2 Salatgurke,
250 ml Crème fraîche, 3 Eigelb,
1 Eßl. Weizenstärke, 500 g Hechtfilet.

Für den Fischfond die Fischabgänge zerkleinern, gut waschen und trocknen. In der heißen Margarine anschwitzen. Mit Weißwein ablöschen. 2 l kaltes Wasser zugeben, mit Salz, zerdrückten

Pfeffer- und Pimentkörnern, Lorbeer und den Stielen der Küchenkräuter würzen. Zitrone in grobe Scheiben schneiden und ebenfalls zugeben. 20 bis 30 Minuten vorsichtig kochen lassen, gegebenenfalls ausschäumen. Geputzte Meerrettichstange einige Zeit mitkochen lassen. Gemüse putzen, in feine Streifen schneiden und $^1/_3$ davon in den Fischfond geben.

Fischfond passieren und ca. 30 Minuten ruhen lassen. Die übrigen Gemüsestreifen zugeben, kurz aufkochen. Crème fraîche, Eigelb und Weizenstärke verrühren, in die Suppe einlaufen lassen. Nicht mehr kochen! Hechtfilet in Streifen schneiden, in die heiße Suppe geben und darin garziehen lassen. Die Küchenkräuter feinhacken, über die Suppe streuen und sofort servieren.

Feine Brautsuppe

500 ml helles Bier, 500 ml Maibock, 1 l Milch, 2 Eßl. Zucker, 1 Prise Zimt, Salz, 50 g Korinthen, 50 g Sultaninen, 50 g Mehl, 4 Eigelb, 100 ml Schlagsahne.

Bier mischen. Milch mit Zucker, Zimt, Salz, Korinthen und Sultaninen aufkochen. Das Bier unter ständigem Rühren in die Milch geben. Mehl in etwas kaltem Wasser anrühren, in die Suppe geben, kurz aufkochen. Eigelb mit Sahne verrühren und die Suppe damit legieren; jetzt nicht mehr kochen. Heiß servieren – am besten in tiefen Tellern, damit der Duft beim Essen in die Nase steigt.

Gurkensuppe mit Spreewälder Krebsschwänzen

1 Salatgurke, 50 g Butter, 1 Eßl. Mehl, 1 l Hühner- oder Rinderbrühe, Salz, weißer Pfeffer aus der Mühle, 250 ml Schlagsahne, 4 Eigelb, 12 Krebsschwänze, 1 Bund Dill.

$^{2}/_{3}$ der Salatgurke in Streifen schneiden und in der Butter anschwitzen. Die Gurke soll keine Farbe nehmen. Mehl überstäuben und mit der Brühe aufgießen. Glattrühren und ca. 30 Minuten kochen lassen. Passieren und würzen. Sahne und Eigelb zugeben und mit dem Mixer die Suppe aufschäumen. Krebsschwänze, restliche Gurkenstreifen und gehackten Dill auf die Teller geben, mit der Suppe aufgießen und bald servieren.

Kalte Gurkensuppe »Lübbener Art«

1 mittlere Salatgurke, Salz, weißer Pfeffer, 5 Radieschen, je 1/4 Bund Schnittlauch, Dill und Basilikum, 250 ml saure Sahne, 1 l kalte Hühner- oder Kalbsbrühe, 1/2 Knoblauchzehe (zerdrückt), 1 Eßl. Essig, 4 Eßl. geschlagene Sahne, 12 Krebsschwänze.

Gurke längs halbieren, Kerne ausschaben. Mit der Schale grob raspeln. Salzen, pfeffern und kaltstellen. Radieschen in feine Streifen schneiden, Küchenkräuter feinhacken. Saure Sahne mit Brühe mischen, Gurken, Radieschen, Knoblauch, Kräuter und Essig zugeben. Alles gut mischen und kaltstellen. Auf kalten Tellern mit Sahne, Krebsschwänzen und Dillspitzen servieren.

Schwarze Geflügelsuppe

1,5 kg Geflügelklein, Salz, Pfeffer, 1 Suppengrün, 50 g Butter, 40 g Mehl, Zucker, Essig, 250 ml Geflügelblut, 4 gekochte Pellkartoffeln, 1 Eßl. Schnittlauchröllchen.

Geflügelklein in 2 l kaltem Wasser aufkochen. Abschäumen, mit Salz und Pfeffer würzen. Kleingeschnittenes Suppengrün 1 Stunde mitkochen. Durch ein Sieb gießen. Aus Butter und Mehl eine helle Schwitze bereiten, mit dem Fond aufgießen, glattrühren und 10 Minuten durchkochen. Mit Salz, Pfeffer, Zucker und Essig abschmekken. Die Suppe muß leicht sämig sein und fein süß-sauer schmecken. Geflügelblut im Wasserbad stocken lassen, in Stücke schneiden und mit Pellkartoffel-Scheiben in die Suppe geben. Mit Schnittlauch garnieren.

Alt-sorbische Hühnersuppe

1 kg Geflügelklein, 1 Suppengrün,
80 g Hirse, Salz, 4 Eigelb,
weißer Pfeffer, Muskat,
je 1 Eßl. gehackte Petersilie und
Schnittlauchröllchen.

Geflügelklein in 2 l Wasser ansetzen. Beim Kochen abschäumen. Geputztes Gemüse zugeben und gar kochen lassen. Geflügelklein herausnehmen, von den Knochen lösen. Hirse in reichlich Salzwasser ca. 10 Minuten garen und abgießen. Hirse und Geflügelklein in die Hühnerbrühe geben, kurz aufkochen und mit geschlagenem Eigelb cremig rühren. Würzen, nicht mehr kochen. Mit Schnittlauch und Petersilie garnieren.

Buttermilchplinsen

3 Eier, 500 ml Buttermilch,
je 1 Prise Zucker und Salz,
100 g Mehl, 1 Messerspitze Backpulver, 3 Eßl. Leinöl,
100 g magerer Speck,
frischer Majoran.

Eier trennen. Buttermilch mit Eigelb, Zucker und Salz gut verrühren. Mehl und Backpulver mischen, in die Milch einrühren und 1 Stunde kaltgestellt ruhen lassen. Eisenpfanne oder Tiegel mit Leinöl bestreichen, gut erwärmen. Den Plinsenteig einlaufen und stocken lassen. Wenden, braun ausbacken, herausnehmen und warmstellen. Speck in Streifen schneiden, kroß ausbraten, auf die Puffer geben und mit frischen Majoranzweigen garnieren.

Quark mit Leinöl

1 kg magerer Quark,
4 Eßl. Zwiebelwürfel, Salz,
1/2 Teel. gehackter Kümmel,
weißer Pfeffer, 200 ml Leinöl.

Quark auf einem Sieb ca. 1 Stunde abtropfen lassen. In einer Schüssel den Quark mit Zwiebelwürfeln und Gewürzen glattrühren. Tropfenweise das Leinöl unterheben und gut abschmecken.

Den Quark mit Ringen von Zwiebelschlotte und Radieschenscheiben garnieren und mit Pellkartoffeln zu Tisch bringen.

Falsche Zunge

800 g gepökelte Rinderschulter,
1 Prise Zucker,
6 Pimentkörner (zerdrückt),
½ Lorbeerblatt,
einige Kümmelkörner,
1 Suppengrün, 2 Zwiebeln,
einige Zweige Thymian.

Fleisch in kaltem Wasser mit Zucker ansetzen, nach dem Aufkochen ausschäumen. Gewürze zugeben. Wenn das Fleisch gar ist, in Eiswasser rasch abkühlen. Suppengrün putzen, in Streifen schneiden. Gemüse und Zwiebelscheiben im Brühfett andünsten. Die in Scheiben geschnittene Rinderschulter obenauf legen und erwärmen. Auf Tellern anrichten und mit Thymian garnieren. Dazu passen Stampf- oder Salzkartoffeln.

Fischsalat

*500 g Spargel, 500 g Mixed Pickles,
200 g pochiertes Zanderfilet,
200 g gebratenes Karpfenfilet,
200 g geräucherte Forellenfilets,
100 g filetierter Räucheraal,
2 Eßl. Sonnenblumenöl, 1 Eßl. Leinöl,
weißer Pfeffer, 1 Eßl. Zucker, Salz,
je 1 Bund Dill und Schnittlauch,
2 Eßl. Meerrettich (frisch geschabt).*

Spargel schälen, bißfest kochen, in grobe Stücke schneiden. Mixed Pickles abgießen, gleichmäßig groß schneiden. Gesamten Fisch in mundgerechte Stücke schneiden. Aus 3 Eßl. Mixed Pickles-Fond, Ölen und Gewürzen ein Dressing bereiten. Gehackte Kräuter und Meerrettich unterheben. Mixed Pickles, Spargel und Fisch vorsichtig mischen. Auf Kopfsalat anrichten und mit Dressing überträufeln.

Pellkartoffeln mit Rahm und Forellenkaviar

1 kg mittelgroße neue Kartoffeln,
Salz, 1 Eßl. Kümmel,
300 g dicke saure Sahne oder
Crème fraîche, 100 g Crème doublè,
200 g Quark,
1 kleines Bund Schnittlauch,
200 g Forellenkaviar,
2 mittelgroße Zwiebeln.

Kartoffeln waschen, mit Salz und Kümmel kochen. Saure Sahne, Crème doublè und Quark mit Salz verrühren, Schnittlauchröllchen untermischen. Kaviar, in Würfelchen geschnittene Zwiebeln und Rahm jeweils in getrennten Schüsseln, die Pellkartoffeln auf einem Teller servieren. Erst bei Tisch Kaviar, Rahm und Zwiebeln mischen und mit den warmen gepellten Kartoffeln essen.

Schweinefleischterrine »Calauer Art«

50 g Weißbrot ohne Rinde,
50 ml Schlagsahne,
400 g Hackepeter,
4 Stück Bratwurstbrät, 2 Eigelb,
2 Zwiebeln, 40 g Butter,
100 g Champignons,
1 Knoblauchzehe, Salz, Pfeffer,
3 Eßl. Madeira,
1 Eßl. Pastetengewürz,
4 kleine Essiggurken, frische Thymianzweige, Lorbeerblätter.

Das Weißbrot in der Sahne einweichen. Mit Hackepeter, Bratwurstbrät und Eigelb in einer Schüssel gut mischen. Die Zwiebeln feinwürflig schneiden und in der Hälfte der Butter dünsten. Die feingehackten Champignons zugeben. Mit Knoblauch, Salz und Pfeffer würzen. Mit Madeira ablöschen. Zwiebel-Pilz-Masse erkalten lassen und unter das Fleischgemisch geben, mit dem Pastetengewürz abschmecken. Alles nochmals gut durchmischen und die feingewürfelten Essiggurken unterheben.

Eine feuerfeste Form mit der restlichen Butter fetten. Das Fleischgemisch einfüllen und glattstreichen. Mit Thymianzweigen und Lorbeerblättern belegen. Die Form im Wasserbad in der Röhre ca. 60 Minuten bei 200° C garen lassen. Terrine erkalten lassen. Die Pastete in Scheiben schneiden und mit frischem knusprigem Weißbrot und Butter servieren.

Hafermarkpfannkuchen

4 Eier, 50 g Roggenmehl, 500 ml Milch, 200 g Hafermark, je 1 Prise Zucker und Salz, 8 Eßl. Rapsöl, 100 g Bruststpeck, 2 Zwiebeln, 1 Eßl. Meerrettich, je 1 Teel. Schnittlauchröllchen, gehackter Kerbel und Dill, 2 Spreewaldgurken, 125 ml saure Sahne.

Eier gut verschlagen. Mehl, Milch und Hafermark nacheinander zugeben, glattrühren und würzen. 1 Stunde ruhen lassen. Im Öl 8 Pfannkuchen backen und warmstellen. Speck würfeln, schön kroß ausbraten. Zwiebelwürfel im Speckfett glasig dünsten, abkühlen. Meerrettich, Kräuter und Gurkenwürfel untermischen, nochmals erwärmen. Eierkuchen damit füllen, zu Ecken schlagen, mit Sahne begießen. Im Ofen bei 200° C ca. 5 Minuten überbacken.

Deftige Kartoffelpuffer

500 g geschälte geriebene Kartoffeln, 4 Eier, 2 Eßl. Mehl, 5 Zwiebeln, Salz, Muskat, 200 g roher Schinken, 100 ml Rapsöl, 200 g Jagdwurst, Paprika, grober Pfeffer aus der Mühle, 1 kleines Bund Schnittlauch, 200 g Emmentaler Käse.

Kartoffeln mit Eiern, Mehl, 3 feingewürfelten Zwiebeln, Salz und Muskat gut mischen. 1 Stunde ruhen lassen, 8 Kartoffelpuffer daraus backen. Schinkenwürfel in Öl ausbraten. 2 feingeschnittene Zwiebeln und Jagdwurstwürfel zugeben, gut durchbraten. Mit Salz, Paprika und Pfeffer würzen. Schnittlauchröllchen zugeben. Puffer in eine feste Form geben. Wurstmasse darauf streichen, Käsewürfel überstreuen und abgedeckt 10 Minuten bei 200° C backen. Sofort servieren.

Meerrettich-Salat

250 g Bockwurstscheiben ohne Haut,
100 g Knackwurstscheiben,
4 kleine Essiggurken,
2 säuerliche Äpfel,
Saft einer halben Zitrone,
Salz, 2 Eßl. Meerrettich,
1 Eßl. feine Kapern,
2 Eßl. Mayonnaise, Lolo rosso,
Radieschen, grüne Gurke.

Wurstscheiben, gewürfelte Essiggurken und geschälte, in Würfelchen geschnittene Äpfel mit Zitronensaft mischen. Mit Salz und Meerrettich würzen. Kapern und Mayonnaise unterheben, abschmecken. Den Salat auf Lolo rosso anrichten. Mit Radieschenstiften und Gurkenscheiben garnieren. Dazu serviert man Bauernbrot und Spreewaldbitter.

Käsebrot mit Birnen und Räucherfisch

4 Scheiben Vollkorn-Toastbrot,
40 g Butter,
8 Scheiben Bruststpeck à 25 g,
2 Birnen (Kaiserkrone, Anjoubirne),
4 Scheiben Goudakäse à 40 g,
Paprikapulver, 4 Blätter Kopfsalat,
4 geräucherte Forellenfilets à 40 g.

Toastbrot trocken toasten. Warm mit der Butter bestreichen. Angebratenen Brustspeck auflegen, darauf je eine halbe gedünstete Birne setzen. Mit je einer Scheibe Gouda belegen. Im Grill ca. 5 Minuten bei 210° C überbacken. Auf Kopfsalat anrichten und Forellenfilets anlegen. Mit Dill und Meerrettich garnieren.

Aalfilet in Salbeifond

600–700 g Aalfilet, Mehl, 40 g Butter, Salz, weißer Pfeffer, 2 Frühlingszwiebeln, 250 ml trockener Weißwein, 250 ml frischer Rahm, 1 Apfel, einige Zweige frischer und getrockneter Salbei, 4 cl trockener Sherry, 2 Eigelb.

Aalfilet gut waschen, trockentupfen und mehlieren. In Butter von allen Seiten kurz anbraten, würzen. Aal herausnehmen und die fein geschnittenen Zwiebeln im Bratensatz anschwitzen. Mit Weißwein ablöschen, aufkochen und den Rahm zugeben. Geriebenen Apfel und Aal einlegen, 10 Minuten garen. Salbei und Sherry zufügen und weitere 5 Minuten garen. Fisch herausnehmen, Saucenfond passieren und mit Eigelb binden.

Hechtklößchen im Kartoffelrand

500 g Hechtfilet, Salz, weißer Pfeffer aus der Mühle, 300 ml Schlagsahne, 1 Eßl. gehackter Dill, 2 Eiklar, 500 ml Fischfond, Saft einer halben Zitrone, 1 kleines Glas Weißwein, 30 g Butter, 30 g Mehl, 2 Eigelb, ½ Tasse Kaffeesahne, 8 Wiesenchampignons.
Für den Kartoffelbrei:
500 g geschälte Kartoffeln, 20 g Butter, 1 Eigelb, Salz, etwas Muskat.
Zum Überbacken:
40 g milder Reibekäse (z. B. Gouda).

Hechtfilet würfeln, würzen und gut durchkühlen. Im Mixer zerkleinern. Mit 100 ml Sahne vermischen, durch ein Haarsieb streichen und den Rest der Sahne vorsichtig unterrühren. Gehackten Dill und steifgeschlagene Eiklar unterheben. Die Masse kaltstellen. Fischfond, Zitronensaft und Wein zum Sieden bringen und darin die mit einem Eßlöffel abgestochenen Hechtklößchen pochieren. Hechtklößchen herausnehmen und warmstellen. Für die Sauce Butter und Mehl verkneten, mit dem Schneebesen in den Fischfond einrühren. Aufkochen, Sauce passieren und mit Eigelb und Sahne legieren. Nicht mehr kochen. Pilze putzen, schneiden und in der Sauce ziehen lassen.

Kartoffeln kochen, gut abdämpfen, durchpressen und mit Butter und Eigelb glattrühren. Würzen. Mit dem Spritzsack einen Rand auf einen feuerfesten Teller spritzen, darin die Hechtklößchen anrichten. Mit Sauce überziehen, mit Käse bestreuen und im Ofen 10 Minuten überbacken.

Gespickter Grashecht

2 mittelgroße Hechte, 2 Eßl. Essig,
1 Möhre, ½ Sellerieknolle,
½ Stange Lauch, 4 Eßl. Öl,
40 g Butter,
2 Eßl. gehackte Petersilie, Salz, Pfeffer.

Hecht schuppen, gut waschen, ausnehmen und noch einmal waschen. Trockentupfen, mit Essig abreiben und nochmals kurz waschen. Gemüse in Stifte schneiden, in den Fischrücken stecken. Im heißen Öl den Fisch von jeder Seite 10 bis 15 Minuten braten. Butter und gehackte Petersilie in das Bratfett geben und den Fisch kurz nachbraten. Hecht auf einer großen Platte anrichten, mit dem heißen Bratenfett übergießen. Als Beilage gedünstete Champignons, Gurkensalat und das Spickgemüse reichen.

Forellenfilet mit Curryapfel

8 mittelgroße Forellenfilets,
Saft einer Zitrone, 1/8 l Weißwein,
Salz, Worcestersauce, 2 große Äpfel,
2 Eßl. gehackte Zwiebel, 30 g Butter,
1 Eßl. Curry, 500 ml Schlagsahne.

Fisch kurz abbrausen, trockentupfen. Mit Zitrone, 1 Eßl. Wein, Salz und etwas Worcestersauce marinieren, einschlagen und kaltstellen. Äpfel schälen, ohne Kerngehäuse in grobe Segmente schneiden. Zwiebel in Butter ohne Farbe anschwitzen. Curry zugeben, verrühren, Wein aufgießen. Forellenfilet und Äpfel darauf geben, ca. 5 Minuten dünsten. Filets auf vorgewärmten Tellern anrichten. Sahne zur Sauce geben. Äpfel auf den Fisch legen, Sauce etwas einkochen und angießen. Mit Reis servieren.

Kräuterforelle in Folie

4 Forellen (à 250–300 g),
Saft einer Zitrone, Salz, Pfeffer,
200 g Champignons, 2 Tomaten,
2 Eßl. Schnittlauchröllchen,
40 g Butter,
je 4 Eßl. Petersilie und Dill (gehackt).

Forellen ausnehmen, gut waschen, mit Zitrone, Salz und Pfeffer würzen. 15 Minuten marinieren lassen. Champignons putzen, waschen, in kleine Würfel schneiden. Tomaten brühen, häuten und ohne Kerne würfeln. Pilz- und Tomatenstücke mit Schnittlauch vermischen, kräftig abschmecken. Butter zerlaufen lassen, die Forellen damit einpinseln. Forellen mit dem Pilz-Tomaten-Gemisch füllen, in den Kräutern wälzen. In Alufolie einschlagen und je Seite 10 Minuten grillen.

Dazu paßt Gurkensalat (s. S. 112).

Karpfen in Biersauce

1 Karpfen von ca. 1,5 kg (ausgenommen), Salz, Pfeffer, 50 g Butter, je 1/2 Tasse Zwiebelwürfel und gehackte Petersilie, 100 g feingeschnittener Lauch, 1 kleine Flasche dunkles Bier, 1 Lorbeerblatt, 2 Nelken, 50 g geriebener Soßenkuchen, 1 Eßl. Zucker, 3 Eßl. Essig.

Karpfen waschen, in 4 Stücke schneiden. Würzen. In Butter Zwiebel hellgelb anbraten. Petersilie und Lauch zugeben, Karpfenstücke darauf legen, 5 Minuten dünsten. Bier, Lorbeer, Nelken und Soßenkuchen unterrühren, noch 15 Minuten garen. Zucker im Topf karamelisieren, mit Essig ablöschen. Diesen Fond zur Sauce geben. Mit Kartoffeln und Salat servieren.

Karpfen blau

4 Karpfenstücke à 300 bis 350 g,
1 Tasse Essigwasser, 1 Tasse Essig,
4 Pimentkörner (zerdrückt),
1/2 Lorbeerblatt, Salz, 1/2 Zwiebel,
50 g Butter, 125 ml Schlagsahne,
200 g Meerrettich (gerieben),
1 Prise Zucker.

Fischstücke mit heißem Essigwasser übergießen. Darauf achten, daß die Schleimhaut des Fisches, die das Blauwerden bewirkt, nicht verletzt wird. Essig, Gewürze und Zwiebel in 2 l Wasser aufkochen. Karpfen im heißen Sud ca. 20 Minuten ziehen lassen, ohne zu kochen. Den garen Karpfen auf vorgewärmten Tellern anrichten, mit flüssiger Butter übergießen. Aus Sahne, Meerrettich und Zucker Sahnemeerrettich bereiten und zum Karpfen reichen. Mit Salzkartoffeln servieren.

Fischsoufflé

600 g Hecht- oder Zanderfilet, 1 Eßl. Zitronensaft, Salz, Pfeffer, 2 Zwiebeln, 60 g Butterschmalz, 300 ml Weißwein, 200 g frische Champignons, 40 g Mehl, 4 Eier, Kartoffelpüree, geriebener Käse.

Fisch grob würfeln, mit Zitrone beträufeln, würzen. Zwiebelwürfel in 30 g Butterschmalz dünsten. Fisch zugeben, Wein auffüllen. Grobgeschnittene Pilze unterheben, ca. 10 Minuten garziehen. Fisch herausnehmen. Mehl im restlichen Schmalz anschwitzen, mit Fischfond ablöschen, glattrühren, gut durchkochen. Vom Herd nehmen. Fisch zugeben, Eigelb und steifen Eischnee unterheben. Gefettete Auflaufform mit Püree auslegen, Fisch-Sauce-Gemisch hineingeben, mit Käse bestreuen und 20 Minuten bei 170° C backen.

Zanderfilet auf Rahmwirsing

1/2 Kopf Wirsing, 80 g Butter,
Salz, 1/2 Teel. Kümmel,
250 ml Schlagsahne, 10 g Mehl,
2 Eigelb, 4 Zanderfilets à 175 g,
2 Eßl. Zitronensaft, 50 g Semmelmehl.

Kohl mittelfein schneiden, in 30 g Butter anschwitzen. Würzen. Abgedeckt mit 1/2 Tasse Wasser 15 Minuten dünsten. Noch 5 Minuten ohne Deckel kochen. Sahne auf die Hälfte einkochen, mit 20 g Butter und etwas Mehl binden. Glattkochen, passieren und Eigelb unterziehen. Fisch mit Zitrone beträufeln, mehlieren und in heißer Butter beidseitig je 3 Minuten braten. Fisch herausnehmen, Semmelmehl im Bratfett kurz anrösten. Wirsing in gebutterte feuerfeste Form legen, Sauce und Semmelmehl darübergeben. Bei Mittelhitze 20 Minuten garen.

Poulardenfrikassee

1 Masthähnchen (ca. 1,5 kg), 2 Zwiebeln, 60 g Butter, weißer Pfeffer, Salz, Worcestersauce, 1 Glas Weißwein, 50 g Mehl, 250 ml süße Sahne, 600 g buntes Gemüse (Blumenkohl, Karotten, grüne Bohnen, Champignons, junge Erbsen), Saft einer halben Zitrone.

Hähnchen grob zerteilen. Zwiebelwürfel in Butter anschwitzen. Geflügel mit anbraten, aber nicht bräunen lassen. Würzen, Wein und 1 Glas Wasser zugeben. Abgedeckt 20 Minuten dünsten. Mehl mit Sahne verrühren, in den kochenden Fond geben und noch 15 Minuten weiterköcheln lassen. Gemüse putzen und grob zerkleinern. Einzeln blanchieren und zum Geflügel geben. Mit Zitronensaft und Salz pikant abschmecken. Dazu paßt bunter Reis.

Gratiniertes Truthahnsteak

4 Scheiben Truthahnbrust à 150 g, Salz, weißer Pfeffer, 3 Eßl. Mehl, 2 Eßl. Sonnenblumenöl, 300 g Champignons, 50 g Butter, ½ Eßl. Zitronensaft, 500 g grüne Gurken, 2 Eßl. gehackte Zwiebel, 1 Eßl. gehackter Dill, 1 Eßl. gehackte Kräuter (Petersilie, Kerbel, Thymian), 4 Scheiben Gouda.

Truthahnsteaks würzen, mehlieren und im Öl ca. 2 Minuten je Seite braten. Champignons putzen, waschen und grob würfeln. In 30 g Butter anschwitzen, mit Salz, Pfeffer und Zitrone abschmecken. Zwiebel in der restlichen Butter kurz braten, mit Dill vermengen. Steaks mit Kräutern und Käse belegen und im Ofen überbacken, bis der Käse schmilzt. Mit Pfeffer nachwürzen. Dazu paßt Kartoffelpüree.

Gefüllte Hähnchenbrust auf Kohlrabigemüse

100 ml Crème fraîche,
$^{1}/_{2}$ Tasse Roséwein,
Saft von 2 Zitronen, Salz, Pfeffer,
4 Hühnerbrüste ohne Knochen
(à 125 g), 2 rohe Bratwurstbrät,
3 Eßl. Pflanzenöl, Paprika edelsüß,
4 Kohlrabi, 30 g Butter,
Zucker, Muskat, 500 g kleine runde
Kartoffeln, 1 Teel. Kümmel,
50 g Speck, 2 Eßl. gehackte Zwiebeln.

Crème fraîche, Roséwein und Zitronensaft gut verrühren, salzen und pfeffern. Hühnerbrüste einstechen und mit einem Spritzsack das Bratwurstbrät einfüllen. Das Fleisch in die Beize legen und 24 Stunden im Kühlschrank abgedeckt marinieren.
4 Bogen Aluminium-Folie zurechtschneiden und mit Öl einfetten. Die

Hühnerbrüste einzeln darin einwickeln und im Ofen bei 200° C ca. 15 Minuten auf dem Bratblech backen. Danach die Päckchen öffnen, das Geflügel mit dem Fond auf das Bratblech legen und ca. 15 Minuten weiterbraten. Von Zeit zu Zeit Beize zugießen. Mit Paprika nachwürzen.

Kohlrabi schälen, waschen, in Stifte schneiden und blanchieren. In der zerlassenen Butter durchschwitzen, mit Salz, Zucker und Muskat würzen. Etwa 5 Minuten garen und abschließend die Herzblätter der Kohlrabis zufügen. Kartoffeln mit Salz und Kümmel kochen. Speckwürfel auslassen, die abgepellten Kartoffeln und Zwiebelwürfel im Speckfett schön braun braten. Alles anrichten und sofort servieren.

Gefüllte Ente

1 Mastente (ca. 1,8 kg), Salz, Pfeffer, 4 große Zwiebeln, 6 frische Salbeiblätter, 50 g Butter, 4 Scheiben Toastbrot, 1 Entenleber, 2 Eier.

Ente ausnehmen, waschen, trockentupfen. Innen sowie außen salzen und pfeffern. Zwiebelwürfel mit Salbei in der Butter anschwitzen, erkalten lassen. Weißbrot und Entenleber würfeln, mit Zwiebeln und Eiern vermischen, würzen. Die Ente mit dieser Masse füllen, zustecken und mit etwas Wasser im vorgeheizten Ofen 90 Minuten bei 180° C braten. Mehrfach begießen. Die gare Ente herausnehmen und auslösen. Knochen mit dem Bratenfond gut verkochen. Die Entenstücke im passierten Bratenfond nochmals kräftig erwärmen. Sofort mit jungen Erbsen und Sahnemeerrettich servieren.

Entenkeule mit Bratfrüchten

4 kleine Entenkeulen, Salz, Pfeffer, frischer Beifuß, 3 Eßl. Öl, 2 Birnen, 2 Äpfel, 200 g Kürbisfleisch, 200 g Pflaumen, Zucker, Ingwerpulver, 1 Eßl. Zitronensaft.

Entenkeulen waschen, trockentupfen und im oberen Schenkel ringsherum einschneiden. Mit Salz, Pfeffer und Beifuß würzen. Mit etwas Öl einreiben und mit Wasser in die Bratröhre schieben. Etwa 90 Minuten bei ca. 180° C braten, dabei mehrfach begießen. Obst schälen, entkernen und in grobe Würfel schneiden. Mit Zucker und Ingwer würzen. 2 Eßl. Öl und Zitronensaft zugeben. 10 Minuten vor Ende der Garzeit das Obst zur Ente in die Röhre geben und fertig braten. Dazu schmecken Vollkornbrötchen.

Kaninchenkeule in Sauce

4 Kaninchenkeulen à 200 g, Salz, Pfeffer, 1 Eßl. feiner Körnersenf, 50 g magerer Speck, 1 Glas Weißwein, 2 Zwiebeln, 2 Möhren, 150 g Porree, 250 ml saure Sahne, 1 Eßl. Mehl, 1 Eßl. Kapern.

Kaninchenkeulen ohne Schlußknochen würzen und mit Senf bestreichen. Speck würfeln, glasig braten und die Keulen im Fett rundherum schön braun anbraten. Ab und zu mit Weißwein und etwas Wasser ablöschen. Zwiebeln und Gemüse in Scheiben schneiden, 10 Minuten vor Ende der Garzeit in den Fond geben. Sahne und Mehl verrühren, in den Bratenfond einlaufen lassen, glattrühren und 5 Minuten mitkochen lassen. Zum Schluß die Kapern zugeben. Mit Kartoffelpüree und frischen Blattsalaten servieren.

Calauer Hasenbraten

1 Hase, Salz, Pfeffer, 250 ml Rotwein, $^1/_2$ Glas Rotweinessig, 2 Nelken, 2 Lorbeerblätter, etwas Rosmarin und Thymian, 150 g frischer Schweinebauch, 3 Zwiebeln, 1 Eßl. Tomatenmark, Wacholderbeeren, 1 Eßl. Paprika edelsüß, 1 Knoblauchzehe, 1 kleiner Weißkohl.

Den Hasen zerteilen, entsehnen, mit Salz und Pfeffer einreiben. Wein, Essig und Gewürze zur Beize verrühren, den Hasen 1 Tag darin einlegen. Schweinebauchwürfel kroß ausbraten. Grobe Zwiebelwürfel und Hasenfleisch zugeben, in den vorgeheizten Ofen schieben. Tomatenmark, Wacholder, Paprika, Knoblauch und Beizfond zugeben, bis der Hase zu $^2/_3$ bedeckt ist. 1 Stunde garen. Kohlwürfel 30 Minuten mitgaren. Dazu passen Semmelknödel.

Wildschweinnacken in Biersauce

1 kg Wildschweinkamm mit Knochen,
Salz, Pfeffer, Knoblauchgranulat,
Zwiebelpulver, Majoran,
100 g magerer Räucherspeck,
1 Zwiebel, 1 Eßl. Tomatenmark,
1 Flasche Bier,
einige Nadeln Rosmarin,
1 Eßl. Mehl,
2 bis 3 Eßl. Preiselbeeren.

Wildschweinkamm mit den Gewürzen gut einreiben und ca. 1 Stunde im Kühlschrank ziehen lassen. Räucherspeck feinwürfeln und kroß braten. Das Wildschweinfleisch darauflegen, von allen Seiten schön braun anbraten und herausnehmen. Zwiebelwürfel zugeben und bräunen. Tomatenmark unterrühren, etwas einkochen lassen und mit der Hälfte des Bieres ablöschen. Wildschweinkamm mit Knoblauch und Rosmarin in den Fond geben und im Herd ca. 90 Minuten garschmoren. Eventuell noch etwas Bier oder Wasser nachgießen.

Den garen Kamm herausnehmen und warmstellen. Mehl mit dem restlichen Bier verrühren und den Fond damit binden. Die Sauce durch ein feines Sieb seihen und nochmals kurz durchkochen. Zum Schluß die Preiselbeeren in die Sauce geben, so daß sie einen feinen süßlich-herben Geschmack hat.

Zu diesem Gericht serviert man Rosenkohl, Pilze, grüne Bohnen und Semmelknödel.

Rehschaufel in Rahmsauce

800 g Rehblatt ohne Knochen (vom Fleischer vorbereiten lassen), 6 Eßl. Sonnenblumenöl, ½ Suppengrün, 1 Eßl. Tomatenmark, 1 Eßl. Mehl, 500 ml Wildbrühe, 1 Eßl. Wacholderbeeren, 1 Lorbeerblatt, etwas Koriander, 250 ml saure Sahne, einige Tropfen Zitronensaft, 100 g Backpflaumen ohne Stein, 500 g Mischpilze (Pfifferlinge, Steinpilze, Maronen, Wiesenchampignons), 50 g Butter, 3 Eßl. gehackte Zwiebeln, Salz, Pfeffer, 1 Teel. gehackte Petersilie.

Rehblatt vom Fleischer innen würzen und mit Speckscheiben wickeln lassen. Im Sonnenblumenöl von allen Seiten

anbraten. Rehrolle herausnehmen und das zerkleinerte Suppengrün im Öl braten. Tomatenmark zugeben, Mehl anstäuben und mit dem Wildfond ablöschen. Fond glattrühren, das Rehfleisch wieder hineinlegen und garschmoren. Die Sauce mit Wacholder, Lorbeer und Koriander würzen.

Die gare Rehschaufel herausnehmen und warmstellen. Saure Sahne in den Fond geben, durch ein Sieb streichen und mit Zitrone abschmecken. Die Backpflaumen zugeben.

Pilze gut putzen, waschen, grob zerkleinern und abtropfen lassen. In der zerlaufenen Butter die Zwiebelwürfel anschwitzen und die Pilze in der oben angegebenen Reihenfolge nach und nach zugeben. Mit Salz und Pfeffer würzen. Petersilie darüberstreuen. Dazu reicht man Klöße und Rotkraut.

Gänsebrust auf Orangen-Pfeffersauce

2 Gänsebrüste ohne Knochen
(à 400 bis 500 g), Salz,
1 Eßl. gestoßener bunter Pfeffer,
Orangenspalten, 500 g Gänseklein,
2 Eßl. Öl, 1 Zwiebel,
Saft von 2 Orangen,
2 Eßl. Butterschmalz,
2 bis 3 mittelgroße Äpfel,
200 g Backpflaumen ohne Stein,
1/2 Glas Weißwein.

Haut der Gänsebrüste kreuzweise einschneiden. Salzen und pfeffern. Einige Orangenzesten (in Streifen geschnittene Orangenschale ohne weiße Innenhaut) darauf legen und das Fleisch abgedeckt ca. 2 Stunden im Kühlschrank marinieren.

Gänseklein grob zerkleinern und im Öl anbraten. In Würfelchen geschnittene Zwiebel mit anschwitzen. Mit Orangensaft ablöschen, etwas Wasser zugießen und einen kräftigen Fond kochen. Salzen, den Fond passieren und mit enthäuteten Orangenspalten verkochen.

Gänsebrust im nicht zu heißen Butterschmalz 25 bis 30 Minuten abgedeckt braten. Mit dem restlichen Orangensaft ablöschen. Das Fleisch in Folie schlagen und 10 Minuten warmgestellt ruhen lassen.

Äpfel waschen, halbieren und vom Kerngehäuse befreien. Äpfel in Segmente schneiden. Backpflaumen mit dem Wein zum Kochen bringen, die Apfelstücke hineinlegen und abgedeckt ziehen lassen.

Die Gänsebrust gegen die Faser schneiden, auf der Sauce anrichten und die Apfel-Pflaumen-Beilage dazugeben.

Gefüllte Kalbsrolle

800 g fertig gefüllte und gewürzte Kalbsrolle, 80 g Butterschmalz, 2 Lorbeerblätter, 1 Teel. Pfefferkörner, 2 Rosmarinzweige, ½ Suppengrün, 125 ml saure Sahne, 1 Teel. Speisestärke, 50 g grob gehackte Walnußkerne.

Kalbsrolle auf eine gut mit Schmalz gefettete Alufolie legen. Gewürze sowie das würflig geschnittene Suppengrün darüber verteilen. Folie zusammenschlagen und fest verschließen. Auf dem Bratenblech 90 Minuten bei ca. 200° C garen. Fleisch auswickeln und warmstellen. Fond mit saurer Sahne und Speisestärke binden, aufkochen und passieren. Zum Schluß die gehackten Walnußkerne zugeben. Die Sauce über die Fleischscheiben gießen.

Kasseler in Blätterteig

500 g Kasselerkotelett ohne Knochen, 125 ml Rotwein, 1 kleiner Wirsing, Salz, 500 g Blätterteig (tiefgefroren), Pfeffer aus der Mühle, 2 Eigelb.

Kasseler mit Rotwein in der Röhre bei ca. 200° C etwa 10 Minuten vorgaren, herausnehmen und warmstellen. Wirsing in Salzwasser blanchieren, abtropfen lassen. Aufgetauten Blätterteig mit Wirsing belegen. Mit Salz und Pfeffer würzen, das Kasseler auflegen. Teigränder mit Wasser-Eigelb-Gemisch bestreichen, einrollen und fest verschließen. Blätterteig außen mit ausgestochenen Teigformen verzieren, alles mit Eigelb-Gemisch bestreichen. Pastete im vorgeheizten Ofen 10 Minuten bei 200° C und weitere 20 Minuten bei 170° C backen. Den Rotweinfond extra dazu reichen.

Spremberger Bäckerofen

1,5 kg neue Spreewaldkartoffeln, 500 g Zwiebeln, Salz, weißer Pfeffer, je 250 g Hammel- und Schweineschulter ohne Knochen, 1 Lorbeerblatt, 4 Zweige frischer Thymian, 2 Knoblauchzehen.

Kartoffeln schälen, waschen und in knapp 1 cm starke Scheiben schneiden. Zwiebeln in Streifen zerteilen. Kartoffeln und Zwiebeln mit Salz und Pfeffer würzen. Fleisch salzen, pfeffern und mit zerdrücktem Lorbeer, Thymian und grob zerkleinertem Knoblauch einreiben. Alles gut mischen und in eine feuerfeste Form (am besten einen Römertopf) füllen. Abgedeckt in der Röhre 90 Minuten bei 200° C garschmoren.

Ochsenbrust in Meerrettich

800 g magere Rinderbrust, 3 Eßl. Öl, Salz, Pfeffer, Zucker, 1 Zwiebel, 1 kleine Möhre, 3 Pimentkörner, 1 Lorbeerblatt, 20 g Mehl, 40 g Butter, 250 ml Vollmilch, 4 Eßl. geriebener Meerrettich.

Rinderbrust im Öl scharf von allen Seiten anbraten. Mit Salz, Pfeffer und Zucker gut würzen, herausnehmen. Zwiebel und Möhre grob würfeln, kurz anrösten. Mit 1 l Wasser auffüllen, die Rinderbrust darin mit Piment und Lorbeer ca. 2 Stunden garen. Mehl in der Butter anschwitzen, mit Salz, Pfeffer und Zucker würzen. Heiße Milch und 250 ml Brühe auffüllen. Glattrühren, 10 Minuten durchkochen. Sauce passieren, Meerrettich zugeben und nochmals abschmecken. Fleischscheiben mit der Sauce überziehen.

Schweinenacken mit buntem Kürbis

800 g Schweinekamm ohne Knochen, Salz, Pfeffer, 1 Knoblauchzehe, Majoran, 1 Teel. Kümmel (grob gehackt), 3 Eßl. Speiseöl, 2 Zwiebeln, 1 Salatgurke, 500 g Kürbis süß-sauer (Rezept siehe S. 111), 1 Eßl. feine Kapern, 1 Eßl. rote Paprikaschotenwürfel, 100 ml saure Sahne, 1 Eßl. Schnittlauchröllchen, 1 Eßl. gehackter Dill.

Schweinekamm salzen, pfeffern, mit Knoblauch, Majoran und Kümmel einreiben. Im heißen Öl rundherum braun anbraten. Die Zwiebeln grob würfeln und zugeben. Mit 250 ml Wasser ablöschen. 90 Minuten im Ofen schmoren, öfter mit Fond begießen.

Das gare Fleisch herausnehmen und warmstellen.

Gurke schälen, halbieren und das Kerngehäuse ausschaben; in Stifte schneiden. Vom Kürbis die Marinade abgießen (nicht wegschütten!). Gurken, Kürbis, Kapern und Paprikawürfel vermischen. In etwas Bratenfett anschwitzen und mit dem Kürbisfond ablöschen. Saure Sahne unterziehen. Alles 10 bis 15 Minuten garen und pikant abschmecken. Schnittlauch und Dill einstreuen. Den passierten Bratenfond zur Sauce geben.

Das Fleisch tranchieren, mit der Gurken-Kürbis-Sauce überziehen und mit Klößen servieren.

Rinderhüfte Spreewälder Art

600 g Rinderhüfte, 1 kleine Zwiebel, Salz, 5 Pimentkörner, 1 Lorbeerblatt, 2 Zweige frischer Thymian, 1 kleiner Zweig Rosmarin, 250 ml Rotwein, je 1 unbehandelte Zitrone und Orange, 4 Eßl. Johannisbeerkonfitüre, 1 Eßl. mittelscharfer Senf, 1 Eßl. Zucker, Zimt, 1 Eßl. Speisestärke.

Rinderhüfte mit Zwiebel, Salz, Piment, Lorbeer, Thymian und Rosmarin in 1 l Wasser zum Kochen bringen. Vorsichtig abschäumen. Das gare Fleisch warmstellen. Rotwein mit Saft und Zesten der Zitrone und Orange, Konfitüre, Senf und Zucker aufkochen. Sauce mit angerührter Speisestärke binden, nochmals 5 Minuten kochen. 1 Tasse Rinderbrühe zugeben, glattrühren und abschmecken.

Schweinskarbonade mit Schmorgurken

75 g Bauchspeck, 3 große Zwiebeln, 2 Salatgurken, 1 Eßl. Essig, Salz, Pfeffer, 1 Knoblauchzehe, 1 Teel. Zucker, 250 ml saure Sahne, 4 Eßl. Meerrettich (gerieben), je 1 kleines Bund Blattpetersilie und Dill, 4 Schweinerückensteaks, 4 Eßl. Öl.

Speckwürfel ausbraten, Zwiebelwürfel darin goldgelb anschwitzen. Die geschälten, ohne Kerngehäuse in grobe Würfel geschnittenen Gurken zugeben. Kurz durchkochen. Mit Essig, Salz, Pfeffer, gedrücktem Knoblauch und Zucker würzen. 4 Minuten garen, saure Sahne und Meerrettich zugeben. Aufkochen, mit gehackten Kräutern bestreuen. Steaks im heißen Öl 5 Minuten je Seite braten, würzen. Mit den Gurkenstücken überziehen.

Rammenauer Gurkenfleisch

400 g Schweinekotelett ohne Knochen, Salz, weißer Pfeffer, $^1/_2$ Teel. gehackter Kümmel, 4 Eßl. Öl, 2 grüne Gurken, 4 Tomaten, 2 Scheiben Pumpernickel, 2 Zwiebeln.

Das Fleisch in 3 cm lange Streifen schneiden. Mit Salz, Pfeffer, Kümmel und 1 Eßl. Öl marinieren, 2 bis 4 Stunden in den Kühlschrank stellen. Gurken längs halbieren, Kerngehäuse ausschaben, in Streifen schneiden. Tomaten brühen, abziehen, achteln und die Kerne entfernen. Pumpernickel mittelgrob hacken. Im restlichen Öl das Schweinefleisch rösten, Zwiebelstücke zugeben und gut mischen. Gurkenstreifen und Tomatenachtel unterheben. Kurz dünsten lassen und mit Pumpernickel binden. Mit deftigem Vollkornbrot servieren.

Zittauer Apfel-Reis-Auflauf

200 g Milchreis, 1 l Milch, 40 g Butter, Salz, 1,5 kg Äpfel, 75 g Zucker, 1 Messerspitze gemahlener Zimt, Saft und Zesten einer Zitrone, 4 Eier, 50 g Puderzucker, 4 Eßl. rote Marmelade, 4 Eßl. Apfelsirup.

Reis mit Milch, Butter und Salz ca. 40 Minuten auskochen. Äpfel schälen, entkernen, grob zerkleinern. Mit Zukker, Zimt und Zitrone in 1/2 Tasse Wasser 3 Minuten dünsten. Alle Eigelb in den warmen Reis rühren. Eine Auflaufform fetten, 1/3 mit Reis füllen, darauf die abgetropften Äpfel legen. Eiklar steifschlagen, Puderzucker einmischen, unter den restlichen Reis heben. Die Masse in die Form geben. 20 Minuten bei 200° C backen. Mit Marmeladen-Sirup-Gemisch bestreichen, noch 5 Minuten backen, warm servieren.

Apfelscheiben auf Weinschaum

750 g säuerliche Äpfel,
250 ml Apfelwein, 120 g Zucker,
Saft und Spalten einer Zitrone,
Zimt, Salz, 1 Ei, 2 Eigelb,
6 cl Pfefferminzlikör.

Äpfel ausstechen, schälen und in 2 cm dicke Scheiben schneiden. Apfelwein, 75 g Zucker, Zitrone, Zimt und Salz gut mischen. Apfelscheiben in dem Fond marinieren. Äpfel herausnehmen, Fond zum Kochen bringen. Apfelscheiben wieder einlegen, kurz aufkochen, herausnehmen und warmstellen. Ei und Eigelb mit restlichem Zucker, Zimt, Likör und 125 ml Weinfond in einen Topf geben und die Masse im Wasserbad schaumig aufschlagen. Die Sauce über die Apfelscheiben geben und mit einem Minzblatt garnieren.

Lübbenauer Birnendessert

175 g Zucker, 2 cl Weinbrand, 2 cl Aprikosenbrandy, 3 Eßl. Orangenspalten, 1 Prise Salz, 2 Nelken, 4 mittelgroße Birnen, 40 g Butter, 50 g grob gehackte Nüsse, 250 ml Schlagsahne, 1 Päckchen Vanillezucker.

125 ml Wasser mit 100 g Zucker, Weinbrand, Brandy, Orangenspalten, Salz und Nelken aufkochen. Birnen ohne Schale und Kerngehäuse 10 Minuten im Fond garen und darin erkalten lassen. Restlichen Zucker mit Butter leicht karamelisieren. Nüsse zugeben, goldgelb anrösten, auf geölter Alufolie ausstreichen. Abgekühlt grob zerkleinern. Schlagsahne steifschlagen, Vanillezucker zugeben. In Sektschalen Sahne spritzen und die mit Krokant gefüllten Birnenhälften darauf setzen.

Bautzener Quarkauflauf

200 g Hirse, 100 g Zucker,
750 ml Milch, 1 Prise Salz, 1 kg Quark,
5 Eier, 6 Eßl. Honig, 100 g Sultaninen
(in etwas Korn eingeweicht),
je 1 Messerspitze Zimt und Muskat,
1 Prise Safran.

Hirse in der gezuckerten Milch mit Salz ca. 20 bis 30 Minuten garkochen. Durch ein Haarsieb streichen und erkalten lassen. Die Masse mit Quark im Verhältnis 1:1 mischen. Eigelb, Honig, Sultaninen und Gewürze gut unterrühren. Eiklar mit 1 Eßl. Zucker steifschlagen und vorsichtig unter die Quarkmasse heben. Eine feuerfeste Form fetten und mit der Masse füllen. Bei 180 bis 200° C im Ofen 1 bis 1¹/₄ Stunde backen. Mit einheimischen Früchten und Beeren belegen.

Liebenwerdaer Schmarren

500 g Sauerkirschen, 100 g Zucker, 50 g süßer Mandelgrieß, 4 Eier, 125 ml Schlagsahne, 250 ml Milch, 6 altbackene Brötchen, 50 g Butter, Puderzucker.

Die Kirschen entsteinen. In 125 ml Wasser mit 60 g Zucker und Mandelgrieß 3 bis 5 Minuten kochen und erkalten lassen. Eier, restlichen Zucker, Sahne und Milch gut durchschlagen. Brötchenscheiben in die Eiermilch legen und 5 Minuten darin ziehen lassen. In einer großen Pfanne die Butter erhitzen und die Brötchenscheiben goldgelb braten. Mit den Sauerkirschen anrichten und Puderzucker überstäuben. Mit Minze garnieren.

Konservieren von Gemüse

In der Lausitz werden fast alle landwirtschaftlichen Erzeugnisse konserviert, eingelegt oder anderweitig haltbar gemacht: Gurken Zwiebeln, Meerrettich, Kürbis, Kohl und anderes Gemüse. Eingelegt oder konserviert wird mit Weinessig, eventuell Essigessenz, mit Salz und auch Alkohol. Als Gefäße dafür verwendet man Steintöpfe, Holzfässer und Gläser.

Einige Ratschläge für das Konservieren:

- Die Einlegegefäße müssen absolut sauber und geruchsfrei sein.

- Einlegegefäße vorher immer mit heißem bzw. kochendem Wasser – leicht gesäuert – ausspülen.

- Gefäße nach dem Ausspülen gut lufttrocknen lassen.

- Nie die im Rezept angegebene Essig- bzw. Salzmenge verringern. Das konservierte Gemüse hält sich sonst nicht allzu lange.

- Gefäße nach dem Einfüllen des Konserviergutes sehr gut verschließen. Am besten nimmt man dazu Einmachfolie.

- Wird Einleggut aus den Gefäßen entnommen, immer ein extra Gerät dazu benutzen. Wenn man mit den Fingern ins Glas greift, beeinträchtigt das die Haltbarkeit.

Senfgurken

Feste gelbe Gurken schälen, halbieren, das Kernfleisch mit einem Löffel ausschaben. Die Gurken in Streifen schneiden, mit Salz bestreuen (auf 1 kg Gurken 50 g Salz) und 24 Stunden kühl stellen. Dann die Flüssigkeit ablaufen lassen, die Gurkenstücke abtrocknen und zusammen mit Zwiebelscheiben, Meerrettichwürfeln, Senfkörnern, Dill und Estragon in Gläser schichten. Mit erkalteter Essiglösung (auf ¾ l Wasser ¼ l 10 %iger Essig, etwas Salz und Zucker) übergießen.

Einkochen: 20 Min. bei 75° C.

Gewürzgurken Golßener Art

Kleine Gurken etwa 1 Stunde wässern, gründlich bürsten, gut abtropfen lassen und mit einer Nadel mehrfach einstechen. Zusammen mit Zwiebelscheiben, Meerrettichwürfeln und Dill in Gläser schichten. Erkaltete Essiglösung (auf 1/2 l Wasser 1/8 l 10 %iger Essig, 1 bis 2 Eßl. Salz und 1 bis 2 Teel. Zucker) aufgießen.

Einkochen: 20 Min. bei 75° C.

Kürbis süß-sauer

50 ml Öl, 2 Eßl. Zwiebelwürfel,
2 Eßl. Zucker, 4 Eßl. Essig,
1 kg Kürbisfleisch, Salz,
weißer Pfeffer aus der Mühle,
2 bis 3 Nelken,
1 Lorbeerblatt.

Öl erwärmen. Die Zwiebelwürfel darin hell anschwitzen. Zucker einstreuen und leicht karamelisieren. Mit Essig ablöschen. Das in grobe Würfel geschnittene Kürbisfleisch zugeben, würzen und abgedeckt ca. 20 Minuten garziehen lassen.

Gurkensalat in Dillsahne

1 kg Salatgurke,
½ Teel. Salz,
2 Eßl. Öl, 2 Eßl. Essig,
2 Eßl. Zucker,
weißer Pfeffer aus der Mühle,
100 ml Joghurt,
2 Eßl. saure Sahne,
2 Eßl. Schlagsahne,
1 Bund Dill (feingehackt).

Gurken in feine Scheiben schneiden oder mit dem Gurkenhobel raspeln. Salzen und etwas ruhen lassen. Den Gurkenfond abgießen und mit den restlichen Zutaten vermischen. Die Sauce über die Gurken geben und nochmals abschmecken. Mit Kopfsalat und Tomatenrosetten anrichten.

Leberklößchen

*(Suppeneinlage
für 8 bis 10 Personen)*

*150 g Schweinefleisch (Kotelett ohne Knochen, Schnitzelfleisch),
75 g Schweineleber,
100 g fetter Speck
(ungeräuchert und ungesalzen),
Salz, Pfeffer, Muskat,
etwas Majoran.*

Fleisch, Leber und Speck durch den Wolf drehen. Würzen und kaltstellen. Die gekühlte Masse im Mixer fein pürieren; eventuell durch ein Haarsieb streichen. Mit 2 Eßlöffeln Klößchen abstechen, in Salzwasser garziehen lassen und in die Suppe geben.

Hochzeit in der Lausitz

»Hochzeiten sind selten, drum sitzen wir drei Tage hier«, sagt der Lausitzer. Und das Hochzeitsessen ist wahrlich mehr als nur Beköstigung der Gäste: Es ist ein Ritual, ja ein Nationalgericht geworden. Heute braucht dem Hochzeitsessen nicht mal eine Trauung vorangegangen zu sein – Kirmes, Ernte- und andere Feste sind durchaus Anlaß genug für das traditionelle Mahl. Und auch das muß man nicht so eng sehen: »Wo geerntet wird, muß auch gefeiert werden«, sagt der Lausitzer.

Zu Zeiten der Jahrhundertwende sah ein Hochzeitsmenü etwa so aus:

Vorspeise:	Butter, Brot und Käse
Suppen:	Biersuppe
	Hochzeitssuppe

Braten und Gekochtes:	Rindfleisch mit Meerrettichsauce Schweine-, Hammel- und Gänsebraten Schwarze Tunke
Zuspeisen:	Milchhirse Heidegrütze mit Fleischbrühe Grützwurst, Kuchen
Getränke:	Bier, Branntwein, Kirschlikör, einheimische Fruchtweine

Alte Lausitzer Volksbräuche

Vogelhochzeit. Jedes Jahr am 25. Januar feiern die Vögel Hochzeit. Die Lausitzer Kinder feiern mit: Sie stellen leere Teller und Schüsseln ans offene Fenster oder ins Freie. Die Vögel bescheren ihnen allerlei Naschwerk – Süßigkeiten, Gebäck, Nüsse, Obst … In früheren Zeiten freute man sich schon über eine Scheibe Wurst oder eine Handvoll Backobst, während es für die Erwachsenen Plinsen, Krapfen und Hausschlachtenes gab. Doch auch die Vögel sind inzwischen anspruchsvoller geworden … Und während die Kinder im Zug der Hochzeitsgäste hinter dem Hochzeitsbitter durch die Straßen laufen, halten es die Erwachsenen lieber mit Musik, Tanz und einem Fläschchen Cottbuser Korn gegen die Winterkälte!

Zampern, Zapust. Wenn die Fastnacht naht, wird der Winter ausgetrieben und der nahende Frühling begrüßt. Dann gehen die jungen Burschen, die »Wurstbrüder«, auf Heischerundgang. In originellen Kostümen ziehen sie von Hof zu Hof und bitten um Spenden. Zu erheischen gilt es Eier, Speck, Mehl, auch Geld und andere Gaben, mit denen man das Fastnachtsvergnügen ausstattet. Um den Spender über den Verlust hinwegzutrösten, wird ihm ein Schnäpschen gereicht. Nach dem Zampern gibt es ein großes Fest – zum Beispiel einen Eierkuchenball, wo man ordentlich zulangen kann! Beim Tanz übrigens muß man hoch springen, damit der Flachs recht gut gedeiht. – Zampern ist vor allem in der Nieder- und Mittellausitz verbreitet; in der Oberlausitz wurde der Brauch im 19. Jahrhundert nahezu ausgelöscht.

Osterreiten. Am Ostersonntag finden sich in sorbischen katholischen Pfarrgemeinden die Osterreiter zusammen und besuchen das Kirchdorf der Partner-Prozession. Solche Partnerschaften gibt es beispielsweise zwischen Wittichenau und Ralbitz, Nebelschütz und Ostro, Crostwitz und Panschwitz, Storcha und Radibor.

Hexenbrennen. Am Abend des 30. April entfachen die Bewohner der Oberlausitz das Walpurgisfeuer. Vor allem die Kinder sammeln Holz und schichten es zu hohen Haufen, auf denen dann die »Hexe« verbrannt wird. Früher wollte man so Hexenschaden von Mensch und Tier fernhalten.

Heute stehen gesellige Abende – auch in den deutschen Dörfern der Oberlausitz – im Vordergrund. Mancherorts werden mit der Verbrennung der Hexenpuppe Schuldabrechnungen einzelner Dorfbewohner oder bestimmter öffentlicher Persönlichkeiten satirisch inszeniert.

Maibaum. Am Abend des 30. April wird als Sinnbild der wiedererwachten Natur auf dem Dorfplatz in der Oberlausitz der bändergeschmückte Maibaum gesetzt. In der folgenden Nacht gilt es, wachsam zu sein: Jugendliche aus dem Nachbardorf könnten versuchen, den Baum zu kippen … Und natürlich versucht man auch selbst, die Nachbarn unangenehm zu überraschen. Hat der Baum die Nacht überlebt, tanzen die Mädchen in Trachten um ihn herum und verflechten kunstvoll die Bänder. Ist endlich eine Tanzkapelle frei, darf der Baum umgeworfen werden. Wer den Wipfel erbeutet, ist Maikönig. Er darf sich eine Maikönigin erwählen und mit ihr zum Tanzsaal ziehen, wo noch der Baumstamm verlost wird.

Johannisreiten. Am Sonntag nach Johannistag – 24. Juni – kleiden die Mädchen in der Niederlausitz den »Johann« an. Sie umwickeln ihn mit Kornblumen- oder Wickenranken, und auf den Kopf setzen sie ihm eine Krone aus Blumen und Halmen. Mit ihrem »Johann« ziehen die Mädchen von dannen, bis sie von den reitenden Burschen eingeholt werden. Anfangs schützen die Reiter den »Johann« noch – dann aber versucht jeder, den Blumenschmuck als Trophäe zu erhaschen. Die Kräuter übrigens sollen getrocknet das kranke Vieh heilen!

Kokot (Hahnrupfen). Dieser Erntefest-Brauch ist nichts für zartbesaitete Gemüter! Ist die Erntezeit in der Niederlausitz vorbei, versuchen tollkühne junge Männer, einem an den Füßen aufgehängten toten Hahn Kopf oder Flügel abzureißen. Vom Pferd aus, wohlgemerkt! Früher glaubte man, man könne damit den Wachstumsgeist zwischen Ernte und kommendem Frühjahr zur Ruhe bringen. Heute ist es ein Gaudi für jung und alt. Für Mädchen gibt es sanftere Geschicklichkeitswettbewerbe: Froschgreifen, Junggesellenkarren, Blaubeerkuchenessen … Eine Variante des Hahnrupfens ist das Hahnschlagen – hier geht man mit verbundenen Augen und einem Dreschflegel auf einen Topf los. – Ähnliche Erntefest-Bräuche sind das regional gepflegte Stollen- oder Stoppelreiten.

Rezeptverzeichnis

Die Speisen für dieses Büchlein wurden zubereitet und angerichtet im

Hotel Unter den Linden Betriebs GmbH
Unter den Linden 14, 10117 Berlin

Wir danken den Firmen und Unternehmen

Otto Weihe Obst und Gemüse
Beusselstraße 44, N-Q-Fruchthof, 10533 Berlin
für die Bereitstellung von Obst, Gemüse und Küchenkräutern;

Delta Fleisch + Fisch
Schlachthof, 20357 Hamburg
für die Bereitstellung der Lebensmittel sowie von Fleisch, Fisch, Wurst, Geflügel;

Emzett Hotel- und Gaststättenservice GmbH
Bergiusstraße 55, 12057 Berlin
für die Bereitstellung von Milch und Milchprodukten;

Gebrüder Boehringer Großhandel GmbH
Neustädtische Kirchstraße. 14, 10117 Berlin
für das Ausleihen von Anrichtegeschirr und Gläsern.

Minibüchlein

Lieferbare Titel:

Kochbüchlein

Abendbrotbüchlein · Backbüchlein ·
China-Kochbüchlein · Dessertbüchlein ·
Einmachbüchlein · Fischbüchlein ·
Frühstücksbüchlein · Geflügelbüchlein ·
Gemüsebüchlein · Gemüseraritäten ·
Getränkebüchlein · Gewürzbüchlein ·
Grillbüchlein · Kartoffelbüchlein ·
Kochbüchlein ·
Kochbüchlein Berlin-Brandenburg ·
Kochbüchlein Mecklenburg-Vorpommern ·
Kochbüchlein Sachsen ·
Kochbüchlein Sachsen-Anhalt ·
Kochbüchlein Thüringen ·
Küchenkräuterbüchlein · Nudelbüchlein ·
Obstbüchlein · Obstexoten ·
Osterbüchlein · Pfefferkuchenbüchlein ·
Quarkbüchlein · Reisbüchlein ·